PROJETO

Ápis

EDUCAÇÃO INFANTIL

DANTE E NOEMI

NATUREZA E SOCIEDADE

DE ACORDO COM A BNCC

CB137187

LUIZ ROBERTO DANTE

- LIVRE-DOCENTE EM EDUCAÇÃO MATEMÁTICA PELA UNIVERSIDADE ESTADUAL PAULISTA "JÚLIO DE MESQUITA FILHO" (UNESP-SP), *CAMPUS* DE RIO CLARO
- DOUTOR EM PSICOLOGIA DA EDUCAÇÃO: ENSINO DA MATEMÁTICA PELA PONTIFÍCIA UNIVERSIDADE CATÓLICA DE SÃO PAULO (PUC-SP)
- MESTRE EM MATEMÁTICA PELA UNIVERSIDADE DE SÃO PAULO (USP)
- LICENCIADO EM MATEMÁTICA PELA UNESP-SP, RIO CLARO
- PESQUISADOR EM ENSINO E APRENDIZAGEM DA MATEMÁTICA PELA UNESP-SP, RIO CLARO
- EX-PROFESSOR DO ENSINO FUNDAMENTAL E DO ENSINO MÉDIO NA REDE PÚBLICA DE ENSINO
- AUTOR DE LIVROS PARA A EDUCAÇÃO BÁSICA

NOEMI BIANCHINI

- DOUTORA EM SOCIOLOGIA DA EDUCAÇÃO PELO PROGRAMA EDUCAÇÃO, HISTÓRIA, POLÍTICA E SOCIEDADE DA PONTIFÍCIA UNIVERSIDADE CATÓLICA DE SÃO PAULO (PUC-SP)
- MESTRA EM EDUCAÇÃO ESCOLAR PELA UNIVERSIDADE ESTADUAL PAULISTA "JÚLIO DE MESQUITA FILHO" (UNESP-SP), *CAMPUS* DE ARARAQUARA
- PÓS-GRADUADA EM TEORIA E CRÍTICA LITERÁRIA PELA UNESP-SP, ARARAQUARA
- LICENCIADA EM LETRAS E PEDAGOGIA PELA FACULDADE DE FILOSOFIA, CIÊNCIAS E LETRAS DE ARARAS (FFCLA)
- EXPERIÊNCIA COMO SUPERVISORA E COORDENADORA DE CONTEÚDOS PARA CURSOS DE FORMAÇÃO DE PROFESSORES
- EX-PROFESSORA DOS CURSOS DE GRADUAÇÃO E PÓS-GRADUAÇÃO NAS ÁREAS DE CURRÍCULO, LEGISLAÇÃO, GESTÃO E ALFABETIZAÇÃO
- EX-PROFESSORA DO ENSINO FUNDAMENTAL E DO ENSINO MÉDIO NAS REDES PÚBLICA E PARTICULAR DE ENSINO

3

editora ática

editora ática

Presidência: Mario Ghio Júnior
Direção editorial: Lidiane Vivaldini Olo
Gerência editorial: Viviane Carpegiani
Gestão de área: Tatiany Renó
Edição: Luciana Nicoleti (coord.), Marina S. Lupinetti (coord.) e Daniella Drusian Gomes
Planejamento e controle de produção: Flávio Matuguma, Juliana Batista, Felipe Nogueira e Juliana Gonçalves
Revisão: Kátia Scaff Marques (coord.), Brenda T. M. Morais, Claudia Virgilio, Daniela Lima, Malvina Tomáz e Ricardo Miyake
Arte: André Gomes Vitale (ger.), Catherine Saori Ishihara (coord.), Andréa Dellamagna e Kleber de Messas (edição de arte)
Diagramação: R2 Design
Iconografia e tratamento de imagem: André Gomes Vitale (ger.), Claudia Bertolazzi e Denise Durand Kremer (coord.), Cristina Akisino (pesquisa iconográfica), Fernanda Crevin (tratamento de imagens)
Licenciamento de conteúdos de terceiros: Roberta Bento (ger.), Jenis Oh (coord.), Liliane Rodrigues, Flávia Zambon e Raísa Maris Reina (analistas de licenciamento)
Ilustração: Estúdio Ornitorrinco
Cartografia: Eric Fuzii (coord.) e Robson Rosendo da Rocha
Design: Erik Taketa (coord.) e Talita Guedes (proj. gráfico e capa)
Projeto gráfico: Estúdio Apis Design
Ilustração de capa: Barlavento Estúdio Criativo

Avenida Paulista, 901, 6º andar – Bela Vista
São Paulo – SP – CEP 01310-200
http://www.somoseducacao.com.br

Dados Internacionais de Catalogação na Publicação (CIP)

Dante, Luiz Roberto
Projeto Ápis : Educação infantil : Natureza e sociedade : volume 1 ao 3 / Luiz Roberto Dante, Noemi Bianchini. -- 2. ed. -- São Paulo : Ática, 2020.
(Projeto Ápis ; vol. 1 ao 3)

Bibliografia

1. Educação infantil 2. Meio ambiente - Educação infantil 3. Sociedade - Educação infantil I. Título II. Bianchini, Noemi III. Série

20-1429 CDD 372

Angélica Ilacqua - Bibliotecária - CRB-8/7057

2024
Código da obra CL 750428
CAE 721323 (AL) / 721324 (PR)
ISBN 9788508195947 (AL)
ISBN 9788508195954 (PR)
2ª edição
6ª impressão
De acordo com a BNCC.

Impressão e acabamento Vox Gráfica / OP: 233217

Uma publicação SOMOS EDUCAÇÃO

Estúdio Ornitorrinco/Arquivo da editora

A **COLEÇÃO ÁPIS EDUCAÇÃO INFANTIL** CHEGA ATÉ VOCÊ TRAZENDO MUITO APRENDIZADO!

COM UMA LINGUAGEM SIMPLES E ATRAENTE, OS CONTEÚDOS ACOMPANHAM SUA EVOLUÇÃO E SEU DESENVOLVIMENTO.

COMPARTILHE, APRENDA E DIVIRTA-SE!

DANTE E NOEMI

CONHEÇA SEU LIVRO

ESTA É A **TURMA DO YURI**, QUE VAI ACOMPANHAR VOCÊ DURANTE O ANO TODO.

YURI GABRIEL JOÃO ISA NUNO NINA PEDRO IARA LUCA MARIANA

Estúdio Omitorrinco/Arquivo da editora

MATERIAL DE APOIO SEMPRE QUE VOCÊ ENCONTRAR ESTE ÍCONE SIGNIFICA QUE **HÁ PEÇAS E FIGURAS A SEREM DESTACADAS** NO FINAL DO LIVRO.

SUGESTÃO DE... TODA VEZ QUE APARECER O BOXE **SUGESTÃO DE...** VOCÊ VAI ENCONTRAR INDICAÇÕES DE MATERIAIS QUE COMPLEMENTAM OS TEMAS TRABALHADOS NO LIVRO, AMPLIANDO SEU APRENDIZADO!

- ESTAS SÃO AS SEÇÕES DE SEU LIVRO:

AS **ABERTURAS DE UNIDADE** INTRODUZEM O TEMA.

NA SEÇÃO **HORA DO JOGO E DA BRINCADEIRA**, VOCÊ RETOMA OS CONCEITOS TRABALHADOS COM ATIVIDADES LÚDICAS E JOGOS QUE TORNAM SEU APRENDIZADO MUITO MAIS DIVERTIDO!

A SEÇÃO **VAMOS CRIAR?** DESAFIA VOCÊ A USAR A IMAGINAÇÃO E A CRIATIVIDADE PARA PENSAR EM SOLUÇÕES, PRODUZIR E APRENDER MUITO!

A SEÇÃO **HORA DA CURIOSIDADE** TRAZ ATIVIDADES QUE AMPLIAM, DE UMA FORMA CRIATIVA E DIVERTIDA, ALGUM ASSUNTO ESTUDADO.

SUMÁRIO

UNIDADE 1

O MUNDO EM QUE VIVEMOS 7

Ilustrações: Estúdio Ornitorrinco/Arquivo da editora

UNIDADE 2

AS INVENÇÕES 27

SUMÁRIO

UNIDADE 3

PLANETA TERRA: A NOSSA CASA........ 55

UNIDADE 4

CULTURA BRASILEIRA 85

Estúdio Ornitorrinco/Arquivo da editora

Estúdio Ornitorrinco/Arquivo da editora

UNIDADE 1

O MUNDO EM QUE VIVEMOS

Estúdio Ornitorrinco/Arquivo da editora

COMO É O NOSSO PLANETA?

A TURMA DO YURI

ALGUNS ALUNOS ESTÃO NA ESCOLA DESDE QUE ERAM BEM PEQUENININHOS E MUITOS DELES ESTUDARAM NA MESMA SALA. OUTROS ESTÃO SE ENCONTRANDO PELA PRIMEIRA VEZ. NO COMEÇO DO ANO TODOS TÊM SEMPRE MUITAS COISAS PARA CONTAR!

Estúdio Ornitorrinco/Arquivo da editora

- EM RODA, CONTE SUA HISTÓRIA OU ALGUMA NOVIDADE.
- DEPOIS, EM UMA FOLHA À PARTE, FAÇA UM DESENHO QUE REPRESENTE O QUE VOCÊ CONTOU AOS COLEGAS.

NÓS E O PLANETA TERRA

• DESENHE O PLANETA TERRA.

NO PLANETA TERRA TEM...

O QUE NÃO PODEMOS VER NO GLOBO TERRESTRE, MAS SABEMOS QUE EXISTE NO PLANETA TERRA?

• REPRESENTE SUA RESPOSTA COMO QUISER.

COMO AS PESSOAS VIVEM?

- OBSERVE COMO FORAM IMAGINADAS E REPRESENTADAS DUAS FAMÍLIAS E O LUGAR ONDE VIVEM.

NO PASSADO

Hanna-Barbera Productions/Alamy/Fotoarena

NO FUTURO

Hanna-Barbera Productions/Alamy/Fotoarena

- AGORA É COM VOCÊ! PENSE EM ALGO DO PRESENTE E IMAGINE COMO SERÁ NO FUTURO. REPRESENTE EM UM DESENHO O QUE VOCÊ IMAGINOU.

ONTEM E HOJE

- OBSERVE A FOTO A SEGUIR.

Donna Beeler/Shutterstock

FAMÍLIA DE ANTIGAMENTE

FAMÍLIA DE HOJE

- RECORTE DE UMA REVISTA OU DE UM JORNAL A FOTO DE UMA FAMÍLIA ATUAL E COLE-A NO QUADRO.
- O QUE MUDOU DE UMA FOTO PARA OUTRA? FALE DUAS DIFERENÇAS QUE VOCÊ OBSERVOU ENTRE ELAS.

A FAMÍLIA

- OBSERVE AS FAMÍLIAS ILUSTRADAS A SEGUIR.

Ilustrações: Estúdio Ornitorrinco/ Arquivo da editora

- QUEM SÃO, PROVAVELMENTE, OS MEMBROS DESSAS FAMÍLIAS?
- FAÇA UM ✕ NAS FAMÍLIAS QUE TÊM O MESMO NÚMERO DE PESSOAS.
- CONTE AOS COLEGAS COMO É A SUA FAMÍLIA.

ÁLBUM DE FOTOS

MARIANA ESTÁ COLECIONANDO FOTOS DA FAMÍLIA. ELA JÁ COLOU AS FOTOS DE SEU AVÔ, DESDE QUANDO ELE ERA BEBÊ ATÉ A IDADE ATUAL.

- DESCUBRA A SEQUÊNCIA CORRETA DAS FOTOS DO AVÔ DE MARIANA E PINTE O QUADRINHO CORRESPONDENTE.

Ilustrações: Estúdio Ornitorrinco/ Arquivo da editora

IGUAIS OU DIFERENTES?

AS PESSOAS SÃO SEMELHANTES E, AO MESMO TEMPO, DIFERENTES EM MUITAS COISAS.

- OBSERVE AS PESSOAS NA CENA ABAIXO.

Estúdio Ornitorrinco/Arquivo da editora

- DIGA EM QUE ESSAS PESSOAS SÃO SEMELHANTES E EM QUE ELAS SÃO DIFERENTES.

QUEM É QUEM?

REGRAS

- O PROFESSOR VAI PASSAR ALGUMAS INFORMAÇÕES SOBRE UMA DAS PESSOAS ILUSTRADAS ABAIXO. OUÇA-AS ATENTAMENTE.
- TENTE DESCOBRIR QUEM É ESSA PESSOA COM BASE NAS INFORMAÇÕES.

Estúdio Ornitorrinco/
Arquivo da editora

E VOCÊ, COMO É?

- FAÇA UM DESENHO DE COMO VOCÊ É.

O CALENDÁRIO

• OBSERVE O CALENDÁRIO.

JANEIRO

DOM.	SEG.	TER.	QUA.	QUI.	SEX.	SÁB.
			1	2	3	4
5	6	7	8	9	10	11
12	13	14	15	16	17	18
19	20	21	22	23	24	25
26	27	28	29	30	31	

FEVEREIRO

DOM.	SEG.	TER.	QUA.	QUI.	SEX.	SÁB.
						1
2	3	4	5	6	7	8
9	10	11	12	13	14	15
16	17	18	19	20	21	22
23	24	25	26	27	28	29

MARÇO

DOM.	SEG.	TER.	QUA.	QUI.	SEX.	SÁB.
1	2	3	4	5	6	7
8	9	10	11	12	13	14
15	16	17	18	19	20	21
22	23	24	25	26	27	28
29	30	31				

ABRIL

DOM.	SEG.	TER.	QUA.	QUI.	SEX.	SÁB.
			1	2	3	4
5	6	7	8	9	10	11
12	13	14	15	16	17	18
19	20	21	22	23	24	25
26	27	28	29	30		

MAIO

DOM.	SEG.	TER.	QUA.	QUI.	SEX.	SÁB.
					1	2
3	4	5	6	7	8	9
10	11	12	13	14	15	16
17	18	19	20	21	22	23
24	25	26	27	28	29	30
31						

JUNHO

DOM.	SEG.	TER.	QUA.	QUI.	SEX.	SÁB.
	1	2	3	4	5	6
7	8	9	10	11	12	13
14	15	16	17	18	19	20
21	22	23	24	25	26	27
28	29	30				

JULHO

DOM.	SEG.	TER.	QUA.	QUI.	SEX.	SÁB.
			1	2	3	4
5	6	7	8	9	10	11
12	13	14	15	16	17	18
19	20	21	22	23	24	25
26	27	28	29	30	31	

AGOSTO

DOM.	SEG.	TER.	QUA.	QUI.	SEX.	SÁB.
						1
2	3	4	5	6	7	8
9	10	11	12	13	14	15
16	17	18	19	20	21	22
23	24	25	26	27	28	29
30	31					

SETEMBRO

DOM.	SEG.	TER.	QUA.	QUI.	SEX.	SÁB.
		1	2	3	4	5
6	7	8	9	10	11	12
13	14	15	16	17	18	19
20	21	22	23	24	25	26
27	28	29	30			

OUTUBRO

DOM.	SEG.	TER.	QUA.	QUI.	SEX.	SÁB.
				1	2	3
4	5	6	7	8	9	10
11	12	13	14	15	16	17
18	19	20	21	22	23	24
25	26	27	28	29	30	31

NOVEMBRO

DOM.	SEG.	TER.	QUA.	QUI.	SEX.	SÁB.
1	2	3	4	5	6	7
8	9	10	11	12	13	14
15	16	17	18	19	20	21
22	23	24	25	26	27	28
29	30					

DEZEMBRO

DOM.	SEG.	TER.	QUA.	QUI.	SEX.	SÁB.
		1	2	3	4	5
6	7	8	9	10	11	12
13	14	15	16	17	18	19
20	21	22	23	24	25	26
27	28	29	30	31		

Estúdio Ornitorrinco/ Arquivo da editora

• CONTORNE NO CALENDÁRIO O DIA DO ANIVERSÁRIO DE LUCA.

• E O SEU ANIVERSÁRIO, QUANDO É? CONTORNE A DATA NO CALENDÁRIO.

O DIA E A NOITE

- OBSERVE A ILUSTRAÇÃO.

Estúdio Ornitorrinco/Arquivo da editora

- CONVERSE COM OS COLEGAS E RESPONDAM: COMO OCORREM O DIA E A NOITE?
- ESCREVA AS PALAVRAS **SOL** E **LUA** AO LADO DAS ILUSTRAÇÕES.

 ___ ___ ___

 ___ ___ ___

COMO MEDIR O TEMPO?

O RELÓGIO FOI UMA GRANDE INVENÇÃO DO SER HUMANO.

- OBSERVE AS IMAGENS ABAIXO.

ANTIGAMENTE	ATUALMENTE
 RELÓGIO DE SOL	 RELÓGIO A PILHA

- PESQUISE, RECORTE E COLE NA MOLDURA AO LADO UM RELÓGIO QUE VOCÊ CONSIDERE INTERESSANTE.
- MOSTRE O RELÓGIO AOS COLEGAS E COMENTE POR QUE VOCÊ O ESCOLHEU.

QUE HORAS SÃO?

- OBSERVE AS CENAS ABAIXO E CONVERSE COM OS COLEGAS SOBRE AS HORAS MARCADAS EM CADA RELÓGIO.

Ilustrações: Estúdio Ornitorrinco/Arquivo da editora

- ESCOLHA UMA HORA, MARQUE-A NO ÚLTIMO RELÓGIO E CONTE AOS COLEGAS O QUE VOCÊ COSTUMA FAZER NESSE HORÁRIO.

AS HORAS PASSAM...

• OBSERVE AS CENAS A SEGUIR.

Estúdio Ornitorrinco/Arquivo da editora

Estúdio Ornitorrinco/Arquivo da editora

• QUANTAS HORAS VOCÊ COSTUMA DORMIR?

• QUANTAS HORAS VOCÊ FICA NA ESCOLA?

• EM SUA OPINIÃO, AS HORAS PASSAM MAIS DEPRESSA DE DIA OU DE NOITE?

DE MANHÃ, DE TARDE E DE NOITE

- DESENHE DUAS ATIVIDADES QUE VOCÊ FAZ EM PERÍODOS DIFERENTES DO DIA. DEPOIS, FAÇA UM X NO PERÍODO EM QUE REALIZA CADA ATIVIDADE.

Ilustrações: Estúdio Ornitorrinco/ Arquivo da editora

ANTES, DURANTE E DEPOIS

MATERIAL DE APOIO

- DESTAQUE AS CENAS DA **PÁGINA 3** E COLE CADA IMAGEM NO LUGAR QUE ESTEJA DE ACORDO COM O QUE O PROFESSOR VAI LER.

ANTES DO ALMOÇO	DURANTE O ALMOÇO	DEPOIS DO ALMOÇO

- AGORA, RESPONDA ORALMENTE O QUE VOCÊ COSTUMA FAZER:

1. ANTES DE IR À ESCOLA.
2. DEPOIS DAS AULAS.
3. ANTES DE FAZER UM PASSEIO NO PARQUE.
4. DURANTE O PASSEIO.
5. NOS FINS DE SEMANA.

UM DIA NA ESCOLA...

- ACOMPANHE A LEITURA DO TEXTO.

EU VOU PRA ESCOLA

SABE O QUE É QUE EU DIGO
QUANDO ACORDO BEM FELIZ DE MANHÃ?
BOM DIA!
TOMO MEU CAFÉ PORQUE O DIA VAI SER MUITO LEGAL
BOM DIA!
[...]
SABE POR QUE EU ESTOU TÃO FELIZ?
EU VOU PRA ESCOLA
[...]

TIO BRUNINHO. EU VOU PRA ESCOLA. DISPONÍVEL EM: <www.tiobruninho.com/music>. ACESSO EM: 18 OUT. 2019.

Estúdio Ornitorrinco/Arquivo da editora

CONVERSE COM OS COLEGAS:

- EM QUE PERÍODO DO DIA VOCÊ VAI À ESCOLA?
- COMO É A SUA ROTINA NA ESCOLA?

ROTINA NA ESCOLA

NA ESCOLA FAZEMOS MUITAS ATIVIDADES.

• VAMOS MARCAR ALGUMAS DELAS NO CALENDÁRIO?

MÊS: ______________________ ANO: __________

DOMINGO	SEGUNDA-FEIRA	TERÇA-FEIRA	QUARTA-FEIRA	QUINTA-FEIRA	SEXTA-FEIRA	SÁBADO

UNIDADE 2

AS INVENÇÕES

Estúdio Ornitorrinco/ Arquivo da editora

COMO AS INVENÇÕES TRANSFORMARAM O MUNDO?

UMA GRANDE INVENÇÃO

UMA DAS INVENÇÕES MAIS IMPORTANTES DO SER HUMANO FOI A RODA.

Vector_creator/Shutterstock

- PROCURE EM REVISTAS IMAGENS DE MODOS ATUAIS DO USO DA RODA. RECORTE E COLE AS IMAGENS ENCONTRADAS NO ESPAÇO ABAIXO.

- COMPLETE A PALAVRA COM AS LETRAS QUE FALTAM.

R	___	D	___

IR E VOLTAR

OS MEIOS DE TRANSPORTE POSSIBILITARAM AO SER HUMANO IR DE UM LUGAR A OUTRO MAIS RAPIDAMENTE, SOZINHO OU COM MAIS PESSOAS.

- PESQUISE UM MEIO DE TRANSPORTE TERRESTRE, UM AÉREO E UM AQUÁTICO. RECORTE AS IMAGENS DE REVISTAS OU DE OUTRO MATERIAL IMPRESSO E COLE-AS NOS QUADROS ABAIXO.

Ilustrações: Estúdio Ornitorrinco/ Arquivo da editora

- MOSTRE SUA PESQUISA AOS COLEGAS E CONVERSEM SOBRE AS CARACTERÍSTICAS DE CADA UM DOS MEIOS DE TRANSPORTE ESCOLHIDOS.

OS MEIOS DE TRANSPORTE

MATERIAL DE APOIO

- DESTAQUE AS PEÇAS DA **PÁGINA 5** E MONTE OS QUEBRA-CABEÇAS DE DOIS CONHECIDOS MEIOS DE TRANSPORTE. DEPOIS, COMPLETE O NOME DE CADA MEIO DE TRANSPORTE QUE VOCÊ COLOU.

TRANSPORTE MAIS LENTO	TRANSPORTE MAIS RÁPIDO
B O N __ __	__ __ T R Ô

- ESCREVA NOS QUADRINHOS A SEQUÊNCIA DE LETRAS QUE VOCÊ USOU PARA COMPLETAR CADA PALAVRA.

__________ __________

OS MEIOS DE TRANSPORTE

MATERIAL DE APOIO

- OBSERVE AS FIGURAS DA **PÁGINA 7**, ESCOLHA UM MEIO DE TRANSPORTE QUE PODE LEVAR MUITAS PESSOAS DE UMA SÓ VEZ E FAÇA UM DESENHO QUE REPRESENTE ESSE MEIO DE TRANSPORTE.

NO CAMPO

ASSINALE COM UM X OS MEIOS DE TRANSPORTE QUE COSTUMAM SER USADOS NO CAMPO PARA O DESLOCAMENTO DE PESSOAS OU PARA A REALIZAÇÃO DE ALGUNS SERVIÇOS.

Laky_981/Shutterstock

EPG_EuroPhotoGraphics/Shutterstock

Anna Jedynak/Shutterstock

MR.Yanukit/Shutterstock

Art Konovalov/Shutterstock

InsectWorld/Shutterstock

NAS FÉRIAS VAMOS À ITÁLIA!

DURANTE AS FÉRIAS ESCOLARES, ISA, SEUS PAIS E SEUS IRMÃOS VÃO À ITÁLIA VISITAR OS AVÓS DELA. OBSERVE NA IMAGEM O CAMINHO QUE ELES VÃO FAZER PARA CHEGAR À ITÁLIA.

Estúdio Ornitorrinco/Arquivo da editora

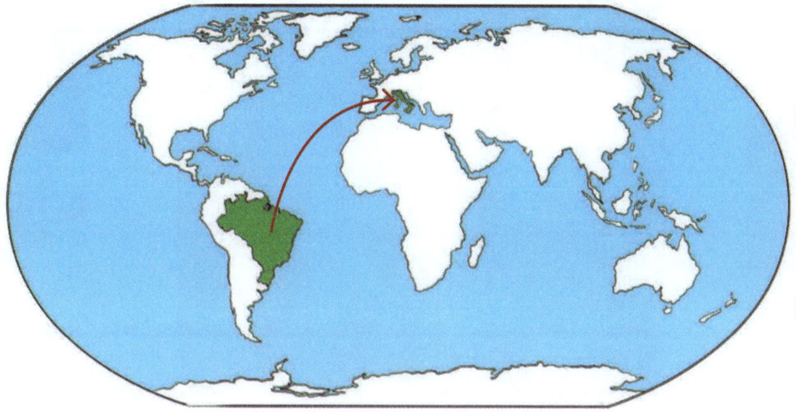

© Banco de Imagens/Arquivo da Editora

- CONTORNE OS MEIOS DE TRANSPORTE QUE ELES PODEM UTILIZAR NESSA VIAGEM.

Andrey Yurlov/Shutterstock

Art Konovalov/Shutterstock

Maximchuk/Shutterstock

Leonid Andronov/Shutterstock

UM JEITO DE MORAR

- CONTORNE A MORADIA QUE MAIS SE PARECE COM AQUELA EM QUE VOCÊ MORA.

João Prudente/Pulsar Imagens

PAU A PIQUE

Luciano Queiroz/Shutterstock

CASA DE MADEIRA

Vova Shevchuk/Shutterstock

IGLU

G. Evangelista/Opção Brasil Imagens

SOBRADO

guentermanaus/Shutterstock

PALAFITA

G. Evangelista/Opção Brasil Imagens

CASA TÉRREA

J. L. Bulcão/Pulsar Imagens

OCA

Vladimir Nenezic/Shutterstock

PRÉDIO

LUGARES E DIFERENTES MODOS DE VIVER

DESENHE OU RECORTE DE REVISTAS OU MATERIAL IMPRESSO A IMAGEM DE UM LUGAR BEM DIFERENTE DE ONDE VOCÊ MORA E SOLTE A SUA IMAGINAÇÃO!

- IMAGINE QUEM SÃO AS PESSOAS QUE MORAM NESSE LUGAR, COMO ELAS VIVEM, O QUE ELAS FAZEM. DEPOIS, CONTE AOS COLEGAS O QUE VOCÊ IMAGINOU.

EU VIVO AQUI

COMO É A MORADIA EM QUE VOCÊ VIVE? ONDE ELA ESTÁ LOCALIZADA?

- CONSIDERANDO SUA MORADIA E O LOCAL ONDE ELA ESTÁ, MARQUE UM ✖ EM CADA GRUPO.

CAMPO

☐

CIDADE

☐

LUGAR TRANQUILO

☐

LUGAR AGITADO

☐

CASA

☐

SOBRADO

☐

PRÉDIO

☐

Ilustrações: Estúdio Ornitorrinco/ Arquivo da editora

DUAS CIDADES, DOIS MODOS DE VIDA

- OBSERVE AS FOTOS DESTAS DUAS CIDADES BRASILEIRAS. EM QUAL DELAS VOCÊ PREFERIRIA MORAR? POR QUÊ?

Peu Ribeiro/Shutterstock

SALVADOR, BA, EM 2018.

Rosalba Matta-Machado/Shutterstock

PIRENÓPOLIS, GO, EM 2018.

- UTILIZE MATERIAL VARIADO PARA REPRESENTAR O LUGAR ONDE VOCÊ MORA.

O LUGAR ONDE MORO

- MORO NO MUNICÍPIO DE:

____

- NO LUGAR ONDE MORO EXISTE:

Luiz Rocha/Shutterstock

☐ PRAIA

aboikis/Shutterstock

☐ TEATRO

Filipe Frazao/Shutterstock

☐ ESTÁDIO

d13/Shutterstock

☐ CINEMA

Radu Bercan/Shutterstock

☐ *SHOPPING CENTER*

ONDE ESTÁ O MENINO?

VAMOS PROCURAR O MENINO?

- CANTE A CANÇÃO E DESCUBRA A RESPOSTA.

ORA BOLAS

OI OI OI
OLHA AQUELA BOLA
A BOLA PULA BEM NO PÉ,
NO PÉ DO MENINO.
QUEM É ESSE **MENINO**?
ESSE MENINO É MEU
VIZINHO.
ONDE ELE **MORA**?
MORA LÁ NAQUELA CASA.
ONDE ESTÁ A **CASA**?
A CASA ESTÁ NA RUA.
ONDE ESTÁ A **RUA**?
ESTÁ DENTRO DA CIDADE.
ONDE ESTÁ A **CIDADE**?
ESTÁ DO LADO DA FLORESTA.
ONDE ESTÁ A **FLORESTA**?
A FLORESTA É NO BRASIL.
ONDE ESTÁ O **BRASIL**?
TÁ NA AMÉRICA DO SUL,
CONTINENTE AMERICANO,
CERCADO DE OCEANOS
NAS TERRAS MAIS DISTANTES
DE TODO O PLANETA.
E COMO É O **PLANETA**?
O PLANETA É UMA **BOLA**
QUE **REBOLA** LÁ NO CÉU.

10 ANOS (CD), DE PAULO TATIT
E EDITH DERDYK, MCD, 2004.

Fedro Rubens/Arquivo da editora

- FAÇA UMA ● NO GLOBO PARA INDICAR A LOCALIZAÇÃO DO MENINO.

EU NO MUNDO

COM A AJUDA DO PROFESSOR, VOCÊ VAI SE LOCALIZAR NO GLOBO.

- DESENHE A SUA CASA NO ESPAÇO ABAIXO.

- CONTORNE O BRASIL NO GLOBO.

Pedro Rubens/Arquivo da editora

- COM A AJUDA DO PROFESSOR, ESCREVA O ENDEREÇO DE ONDE VOCÊ MORA.

EU SOU BRASILEIRO. MORO EM...

BRASIL POLÍTICO. ADAPTADO DE: <http://atlasescolar.ibge.gov.br/images/atlas/mapas_brasil/brasil_politico.pdf>. ACESSO EM: 17 OUT. 2019.

OUTROS PLANETAS

O PLANETA TERRA, COM OUTROS PLANETAS, FAZ PARTE DO SISTEMA SOLAR.

alexaldo/Shutterstock

- DESENHE O PLANETA EM QUE VOCÊ GOSTARIA DE VIVER SE NÃO HABITASSE O PLANETA TERRA E MOSTRE COMO SERIA A VIDA NESSE PLANETA.

PAÍSES PELO MUNDO

• OBSERVE ALGUNS MONUMENTOS FAMOSOS E AS BANDEIRAS DOS PAÍSES ONDE ELES SE LOCALIZAM.

Pius Lee/Shutterstock

Photoonlife/Shutterstock

EGITO

PIRÂMIDE DE QUÉOPS

Sean Pavone/Shutterstock

3rus/Shutterstock

ESTADOS UNIDOS

ESTÁTUA DA LIBERDADE

• CONVERSE COM OS COLEGAS: EM QUE PAÍS FICA CADA UM DESSES MONUMENTOS?

• PINTE A FORMA GEOMÉTRICA CORRESPONDENTE ÀS BANDEIRAS.

• QUE NOME TEM A FORMA QUE VOCÊ PINTOU?

ALGUNS PAÍSES E SEUS MONUMENTOS

O SER HUMANO NÃO SÓ MODIFICOU A PAISAGEM, COMO TAMBÉM CONSTRUIU BELOS MONUMENTOS.

- LIGUE O MONUMENTO AO NOME DO PAÍS E À SUA FORMA DE DIZER "BOM DIA!".

Mark Schwettmann/Shutterstock

S.Borisov/Shutterstock

Viacheslav Lopatin/Shutterstock

ITÁLIA
BUONGIORNO!

INGLATERRA
GOOD MORNING!

BRASIL
BOM DIA!

QUEM AJUDOU A FAZER?

VOCÊ JÁ IMAGINOU QUANTAS PESSOAS TRABALHARAM PARA CONSTRUIR O CRISTO REDENTOR NO RIO DE JANEIRO?

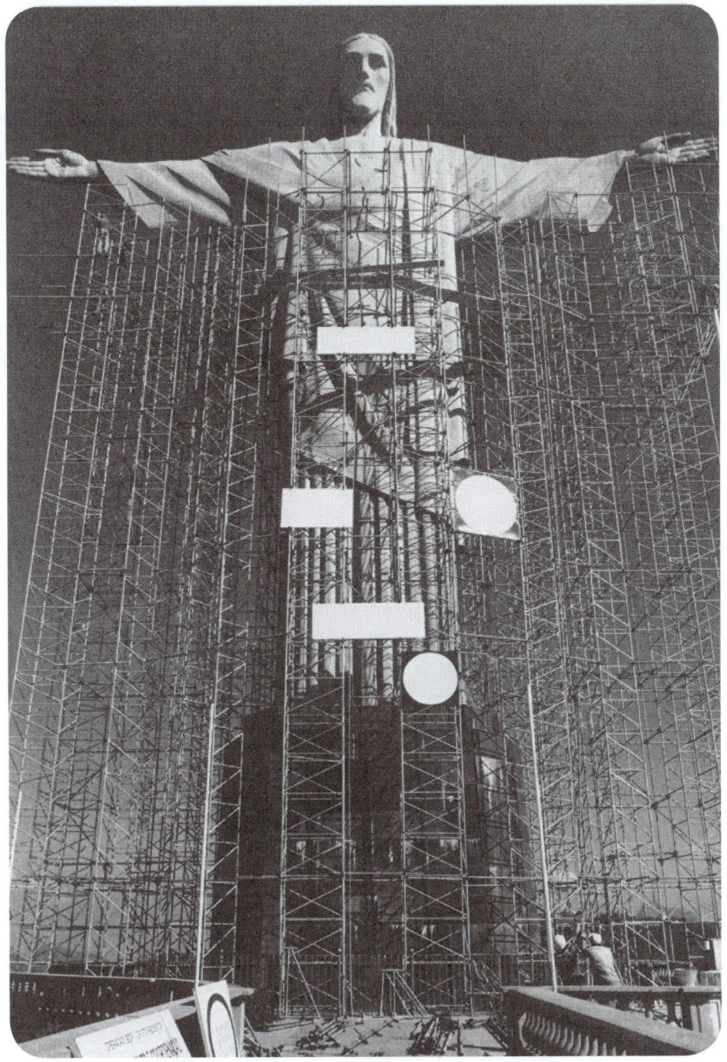

Plínio Salgado/Agência Estado

Plínio Salgado/Agência Estado

Mark Schwettmann/Shutterstock

Dragon Images/Shutterstock

- QUEM SÃO ESSES PROFISSIONAIS?
- COMO CADA UM DELES CONTRIBUIU PARA A CONSTRUÇÃO DO MONUMENTO?
- QUE OUTROS PROFISSIONAIS VOCÊ ACHA QUE TRABALHARAM NESSA OBRA?

MAIS PROFISSÕES

- OUÇA COM ATENÇÃO A LEITURA DO PROFESSOR.
- LOCALIZE O PROFISSIONAL E PINTE OS QUADRINHOS COM AS CORES CORRESPONDENTES.

DIVERSÃO

EDUCAÇÃO

LIMPEZA DA CIDADE

ENTREGA DE CORRESPONDÊNCIAS

CONSERTO DE CARROS

wavebreakmedia/Shutterstock

MECÂNICA

Nomad_Soul/Shutterstock

PALHAÇO

Edson Grandisoli/Pulsar Imagens

GARI

Cesar Diniz/Pulsar Imagens

CARTEIRA

Monkey Business Images/Shutterstock

PROFESSORA

PROFISSÕES

QUE PROFISSÃO VOCÊ GOSTARIA DE TER?

- DESENHE OBJETOS QUE VOCÊ TERIA DE USAR NA SUA PROFISSÃO OU COLE IMAGENS DELES.

- MOSTRE SEU DESENHO OU COLAGEM AOS COLEGAS PARA QUE ELES DESCUBRAM QUE PROFISSÃO VOCÊ ESCOLHEU.
- FALE O NOME DE CADA OBJETO QUE REPRESENTA A PROFISSÃO QUE VOCÊ DESEJA TER.

VAMOS ACENDER A LUZ?

MATERIAL DE APOIO

A ELETRICIDADE TAMBÉM É UMA GRANDE INVENÇÃO DA HUMANIDADE.

- DESTAQUE AS PEÇAS DA **PÁGINA 9** E COMPLETE A CENA.

Estúdio Ornitorrinco/
Arquivo da editora

QUANDO FALTA ENERGIA ELÉTRICA...

- DESENHE O QUE VOCÊ IMAGINA QUE ACONTECE QUANDO FALTA ENERGIA ELÉTRICA.

FONTES DE ENERGIA

- DESTAQUE AS IMAGENS DA **PÁGINA 11**, COLE-AS NOS ESPAÇOS CORRESPONDENTES E ENTENDA DE ONDE VEM A ELETRICIDADE.

MATERIAL DE APOIO

A ESCOLA TAMBÉM É UMA INVENÇÃO?

- FAÇA UM DESENHO QUE REPRESENTE O QUE A ESCOLA SIGNIFICA PARA VOCÊ.

- CONVERSE COM OS COLEGAS SOBRE O QUE VOCÊS MAIS GOSTAM NA ESCOLA.

ALGUÉM MUITO ESPECIAL: O PROFESSOR

IARA TROUXE FLORES PARA A PROFESSORA.

Estúdio Ornitorrinco/ Arquivo da editora

- OUÇA COM ATENÇÃO A LEITURA DO PROFESSOR E DESCUBRA QUEM É A PROFESSORA DE IARA. CONTORNE-A.

  1. SUA BLUSA É VERMELHA.
  2. SUA SAIA É AZUL.
  3. SEUS SAPATOS NÃO SÃO PRETOS.

- SE VOCÊ FOSSE PRESENTEAR SEU PROFESSOR, O QUE LHE DARIA? DESENHE EM UMA FOLHA À PARTE.

Estúdio Ornitorrinco/ Arquivo da editora

SE EU FOSSE INVENTOR...

- IMAGINE QUE VOCÊ É UM GRANDE INVENTOR. DESENHE SUA INVENÇÃO E MOSTRE COMO ELA PODE TRANSFORMAR A VIDA DAS PESSOAS.

MATERIAL DE APOIO

GRANDES INVENÇÕES

NÚMERO DE PARTICIPANTES

- DOIS.

REGRAS

1. ESCOLHA UM COLEGA PARA JOGAR COM VOCÊ.
2. DESTAQUE AS PEÇAS DA **PÁGINA 13**, MISTURE-AS E MONTE O QUEBRA-CABEÇA.
3. GANHA O PARTICIPANTE QUE MONTAR O QUEBRA-CABEÇA PRIMEIRO.

UNIDADE 3

PLANETA TERRA: A NOSSA CASA

Estúdio Ornitorrinco/Arquivo da editora

O QUE TEM NO PLANETA TERRA?

PESSOAS, ANIMAIS E PLANTAS

• ONDE SE PASSA ESTA CENA? O QUE TODOS ESTÃO FAZENDO? CONVERSE COM OS COLEGAS.

Estúdio Ornitorrinco/ Arquivo da editora

• PINTE OS RETÂNGULOS PARA COMPLETAR A TABELA.

	PESSOAS	ANIMAIS	PLANTAS
TÊM NOME			
RESPIRAM			
ALIMENTAM-SE			
REPRODUZEM-SE			
DORMEM			
SENTEM CALOR			
FALAM			

AS PLANTAS TÊM FORMAS, CORES E SABORES

VOCÊ JÁ VIU ALGUMA DESTAS PLANTAS QUE APARECEM NAS FOTOS?

tubuceo/Shutterstock

Max Sudakov/Shutterstock

mikecphoto/Shutterstock

asharkyu/Shutterstock

Palê Zuppani/Pulsar Imagens

Chaloemphan/Shutterstock

Humannet/Shutterstock

Denis Burdin/Shutterstock

- O QUE AS PLANTAS TÊM DE SEMELHANTE?
- EM QUE ELAS SÃO DIFERENTES?

COMO SÃO AS PLANTAS

- COM A AJUDA DO PROFESSOR, PESQUISE IMAGENS DE PLANTAS TÍPICAS DA SUA REGIÃO E VEJA O QUE ELAS TÊM DE SEMELHANTE E DE DIFERENTE.
- COLE OU DESENHE A PLANTA QUE VOCÊ PESQUISOU. ESCREVA O NOME DELA.

UMA PLANTA CHAMADA VITÓRIA-RÉGIA

VOCÊ JÁ OUVIU FALAR DA VITÓRIA-RÉGIA?
ESSA PLANTA AQUÁTICA É TÍPICA DA AMAZÔNIA.

Kang Khoon Seang/Shutterstock

Fabio Colombini/Acervo do fotógrafo

- VOCÊ SABE POR QUE A VITÓRIA-RÉGIA É CONHECIDA TAMBÉM COMO “CORAÇÃO DA AMAZÔNIA”?
- DESENHE NO QUADRO A FORMA DA FOLHA DE UMA VITÓRIA-RÉGIA ADULTA.

Estúdio Ornitorrinco/Arquivo da editora

AS FRUTAS

- VOCÊ CONHECE TODAS ESTAS FRUTAS? SABE O NOME DELAS?

Alex Staroseltsev/Shutterstock
MAÇÃ

Maks Narodenko/Shutterstock
LARANJA

paulovilela/Shutterstock
JABUTICABA

Nattika/Shutterstock
PÊSSEGO

Gerson Sobreira/Terrastock
CAJÁ

ribeiroantonio/Shutterstock
PITANGA

Jiri Miklo/Shutterstock
ABACAXI

diogoppr/Shutterstock
AÇAÍ

Valery121283/Shutterstock
ABACATE

Iv Nikolny/Shutterstock
CAJU

NinaM/Shutterstock
UVA

diogoppr/Shutterstock
CUPUAÇU

arka38/Shutterstock
GRAVIOLA

gresei/Shutterstock
MANGA

COLOA Studio/Shutterstock
JACA

Artem Samokhvalov/Shutterstock
MAMÃO

Janduari Simões/Folhapress
BACURI

iceink/Shutterstock
FRUTA-DO-CONDE

- CONTORNE DE (vermelho) UMA FRUTA QUE VOCÊ NUNCA EXPERIMENTOU.
- CONTORNE DE (azul) AQUELA DE QUE VOCÊ MAIS GOSTA.
- FAÇA UMA O NA FRUTA QUE VOCÊ NÃO CONHECE.

AS FRUTAS DA REGIÃO ONDE MORO

- COM A AJUDA DO PROFESSOR, FAÇA UMA PESQUISA SOBRE AS FRUTAS TÍPICAS DA REGIÃO ONDE VOCÊ MORA. DESCUBRA O NOME, AS CORES, A FORMA E O GOSTO DE CADA UMA.
- ESCOLHA UMA DAS FRUTAS DA SUA PESQUISA E FAÇA UM DESENHO.

- ESCREVA O NOME DA FRUTA AO LADO DO DESENHO. PEÇA AJUDA, SE PRECISAR. APRESENTE SEU TRABALHO AOS COLEGAS DE CLASSE.

AS RAÍZES TAMBÉM SÃO ALIMENTOS

VOCÊ SABIA QUE COSTUMAMOS COMER RAÍZES? MUITAS DELAS SÃO BASTANTE CONHECIDAS!

RABANETE

BATATA-DOCE

CENOURA

BETERRABA

NABO

Estúdio Ornitorrinco/Arquivo da editora

- QUAL É O NOME DE CADA UM DESSES VEGETAIS?
- QUAIS DELES VOCÊ JÁ PROVOU? QUAL É O SEU PREFERIDO?
- PINTE OS VEGETAIS USANDO AS CORES EM QUE ELES SÃO ENCONTRADOS NA NATUREZA.

COMO SÃO AS SEMENTES?

• VOCÊ JÁ REPAROU QUE MUITAS FRUTAS TÊM SEMENTES?

Kovaleva_Ka/Shutterstock

MELANCIA

Boonchuay1970/Shutterstock

MARACUJÁ

Natalia K/Shutterstock

ABACATE

Food Collection/Fotoarena

LARANJA

design56/Shutterstock

MAMÃO

• ESCOLHA OUTRA FRUTA COM SEMENTES E FAÇA UM DESENHO.

• EM GRUPO, MONTEM UM CARTAZ COM DIFERENTES TIPOS DE FRUTA E SUAS SEMENTES.

MONTANDO UMA HORTA

PARA GERMINAR E CRESCER, AS PLANTAS PRECISAM DE CONDIÇÕES ESPECIAIS: AR, ÁGUA, CLARIDADE E CUIDADOS COM A TERRA. QUE TAL FAZER UMA HORTA NA ESCOLA?

- OBSERVE AS IMAGENS E VEJA UM EXEMPLO DE COMO MONTAR UMA PEQUENA HORTA.
- CONVERSE COM O PROFESSOR E DECIDAM COMO FARÃO A HORTA DE VOCÊS.

1

2

3

4

Imagens: Fernando Favoretto/Arquivo da editora

SÃO TODOS ANIMAIS

• CONVERSE COM OS COLEGAS SOBRE OS ANIMAIS DA TABELA E MARQUE COM UM ✕ O QUE CADA UM DELES TEM.

	CAVALO	ARARA	JABUTI	SERPENTE
	Eric Isselee/Shutterstock 	Nejron Photo/Shutterstock 	objectsforall/Shutterstock 	Eric Isselee/Shutterstock 
ASAS				
CAUDA				
PENAS				
PELOS				
PELE SEM PELOS				
4 PERNAS				
2 PERNAS				
NENHUMA PERNA				
BICO				

COMO OS ANIMAIS SE LOCOMOVEM?

MATERIAL DE APOIO

- DESTAQUE AS IMAGENS DA **PÁGINA 15** E COLE OS ANIMAIS NOS QUADROS CORRESPONDENTES.

ANDA	RASTEJA
VOA	**NADA**

- FAÇA UMA PESQUISA PARA CONHECER OS ANIMAIS TÍPICOS DE SUA REGIÃO.
- MONTE UM PAINEL COM OS ANIMAIS DA SUA PESQUISA QUE ANDAM, RASTEJAM, VOAM E NADAM.

QUAL É O ANIMAL?

MATERIAL DE APOIO

- DESTAQUE AS PEÇAS DA **PÁGINA 17**, MONTE O QUEBRA-CABEÇA E DESCUBRA QUAL É O ANIMAL.

Konrad Wothe/Masterfile/Fotoarena

O OLFATO DOS ANIMAIS

• OUÇA COM ATENÇÃO A LEITURA DO PROFESSOR.

O NARIZ DE BRISA AUGUSTA
É MUITO BOM PARA CHEIRAR.
ELE SENTE TODOS OS CHEIROS
QUE ANDAM SOLTOS PELO AR.

NARIZ. DE ANGELO MACHADO. RIO DE JANEIRO: NOVA FRONTEIRA, 2004. P. 12.

Estúdio Ornitorrinco/Arquivo da editora

• IMAGINE O QUE O CACHORRO DE GABRIEL ESTÁ FAREJANDO E FAÇA UM DESENHO.

ANIMAIS BRASILEIROS EM RISCO DE EXTINÇÃO

MATERIAL DE APOIO

ALGUNS ANIMAIS DO NOSSO PLANETA FORAM EXTINTOS.

- DESTAQUE AS PEÇAS DA **PÁGINA 19**, MONTE O QUEBRA-CABEÇA E DESCUBRA UM DESSES ANIMAIS.

OS ANIMAIS ABAIXO TAMBÉM CORREM O RISCO DE DESAPARECER.

reisegraf.ch/Shutterstock

ONÇA-PINTADA

Been there YB/Shutterstock

TARTARUGA-DE-COURO

Ondrej Prosicky/Shutterstock

ARARA-AZUL

- FAÇA UMA PESQUISA SOBRE UM ANIMAL BRASILEIRO QUE CORRE RISCO DE EXTINÇÃO. COLE ABAIXO A FOTO DESSE ANIMAL E ESCREVA O NOME DELE NO QUADRO.

A NATUREZA PEDE SOCORRO!

- O QUE MOSTRAM ESTAS DUAS FOTOS?

Andre Dib/Pulsar Imagens

NATUREZA PRESERVADA

Mario Tama/Agência France-Presse

NATUREZA SENDO DESTRUÍDA

- CONTORNE O QUE VOCÊ ACHA QUE TAMBÉM FOI EXTERMINADO QUANDO A MATA FOI QUEIMADA.

LeonP/Shutterstock

milosk50/Shutterstock

Decha Thapanya/Shutterstock

BigBoom/Shutterstock

fifoprod/Shutterstock

monticello/Shutterstock

Ramonki/Shutterstock

Inga Nielsen/Shutterstock

POLUIÇÃO

MATERIAL DE APOIO

- DESTAQUE AS FIGURAS DA **PÁGINA 21** E COLE-AS NOS LOCAIS CORRESPONDENTES. DEPOIS, CONVERSE SOBRE CADA UMA DELAS COM OS COLEGAS DE CLASSE.

AR

ÁGUA

SOLO

CORPO HUMANO – O QUE A GENTE VÊ

- LIGUE CADA PALAVRA À PARTE CORRESPONDENTE DO CORPO DE MARIANA.

BRAÇO

PERNA

JOELHO

MÃO

BOCA

Estúdio Ornitorrinco/ Arquivo da editora

COTOVELO

DEDO

NARIZ

OLHO

TESTA

- PINTE A PRIMEIRA LETRA DO NOME DE CADA UMA DESSAS PARTES DO CORPO NO ALFABETO ABAIXO.

A	B	C	D	E	F	G	H	I	J	K	L	M
N	O	P	Q	R	S	T	U	V	W	X	Y	Z

CORPO HUMANO – O QUE A GENTE NÃO VÊ

QUANDO ESTAMOS DIANTE DO ESPELHO, VEMOS O NOSSO CORPO POR FORA.

VOCÊ SABE O QUE HÁ DENTRO DO CORPO HUMANO?

- COMPLETE AS PALAVRAS E DESCUBRA O NOME DE OUTRAS PARTES DO CORPO HUMANO.

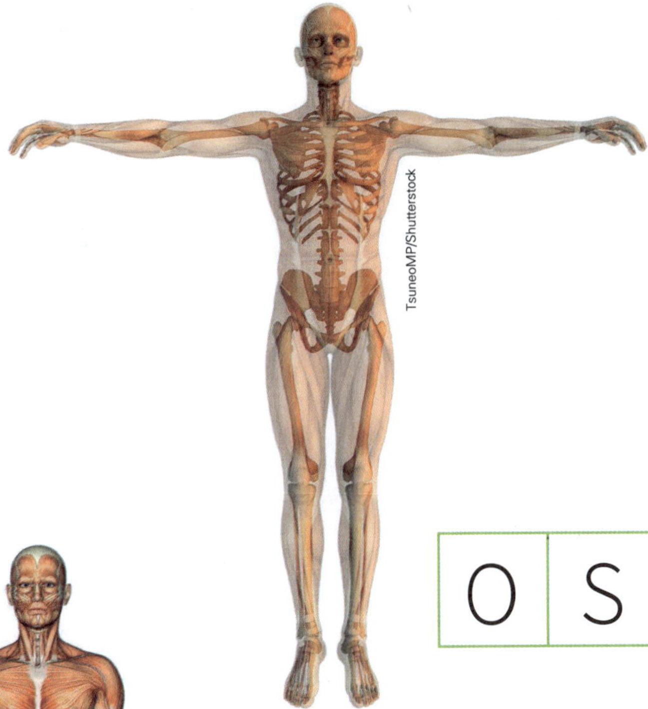

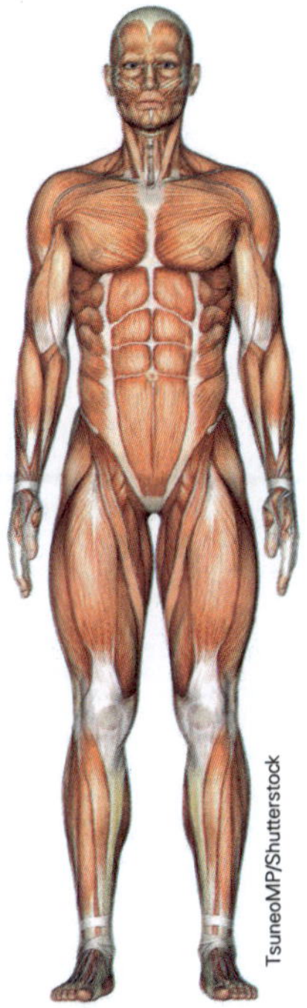

						V
						A
				M		
				Ú		
		O	S		O	S
				C		
				U		
				L		
Ó	R	G	Ã		S	
				S		

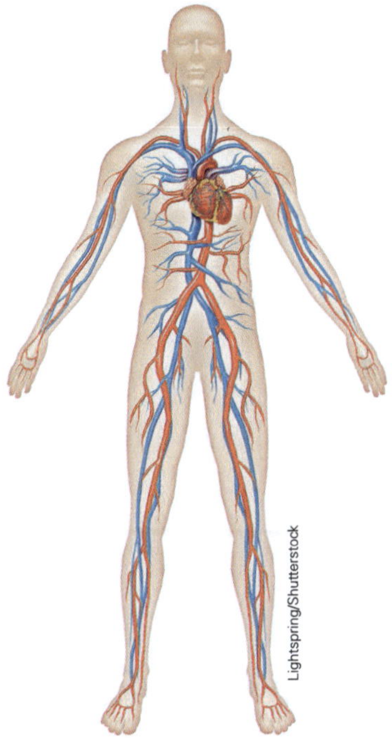

O CORPO HUMANO – UMA MÁQUINA PERFEITA!

- OBSERVE AS IMAGENS E CONVERSE COM OS COLEGAS SOBRE O QUE VOCÊS VEEM.

VOCÊ SABIA QUE O MENOR OSSO DO CORPO HUMANO É MENOR DO QUE UMA **SEMENTE DE GIRASSOL**?

Katharina Scharle/ Shutterstock

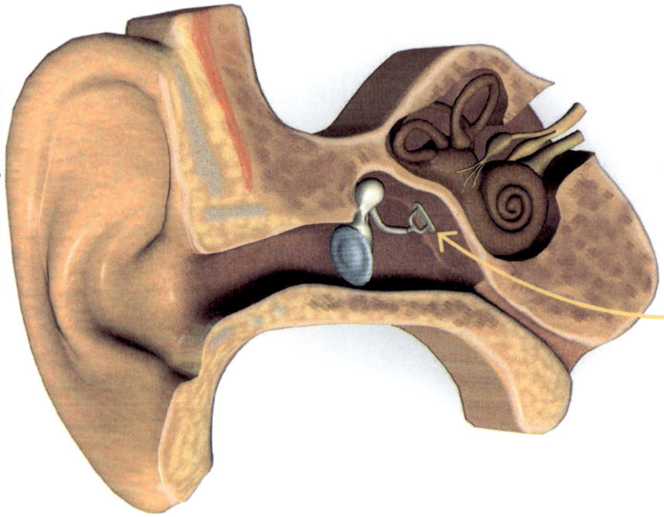

3drenderings/Shutterstock

ELE SE CHAMA **ESTRIBO** E ESTÁ LOCALIZADO NA ORELHA.

O **FÊMUR** É O MAIOR OSSO DO CORPO HUMANO.

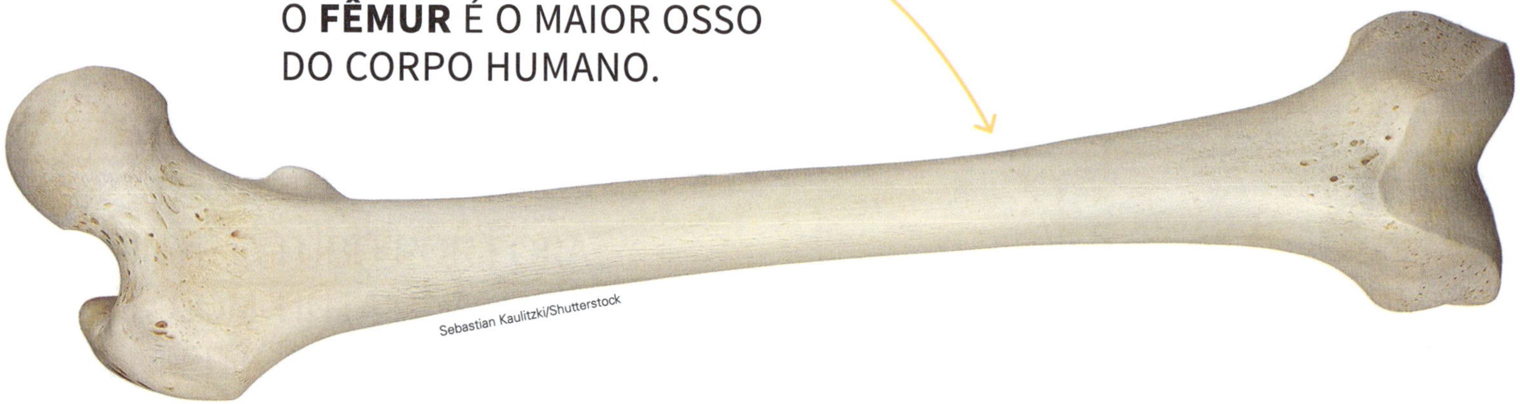

Sebastian Kaulitzki/Shutterstock

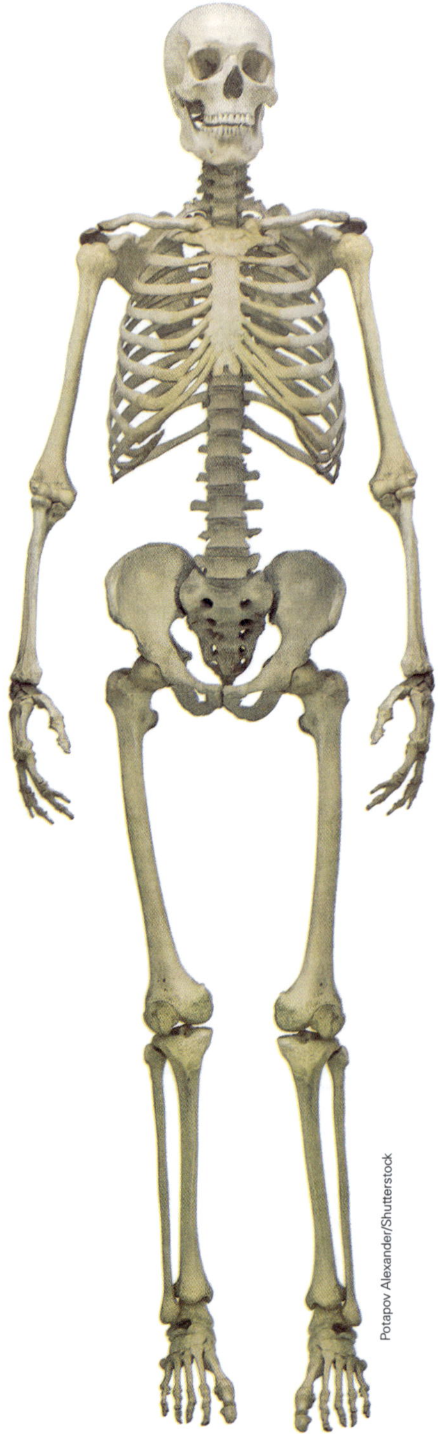

Potapov Alexander/Shutterstock

- LOCALIZE E CONTORNE NO ESQUELETO O MAIOR OSSO DO CORPO HUMANO.

CONHECENDO O CORAÇÃO

VOCÊ CONHECE ESTA CANÇÃO QUE FALA DO CORAÇÃO?

BATE, CORAÇÃO

BATE, BATE, BATE, CORAÇÃO
DENTRO DESSE VELHO PEITO
[...]
OI, TUM, TUM, BATE, CORAÇÃO
OI, TUM, CORAÇÃO PODE BATER

BATE, CORAÇÃO. COMPOSIÇÃO DE ANTONIO BARROS E CECÉU. ALEGRIA (CD), DE ELBA RAMALHO, ARIOLA/POLYGRAM, 1982.

VOCÊ SABIA QUE NOSSO CORAÇÃO TEM O TAMANHO APROXIMADO DA NOSSA MÃO FECHADA?

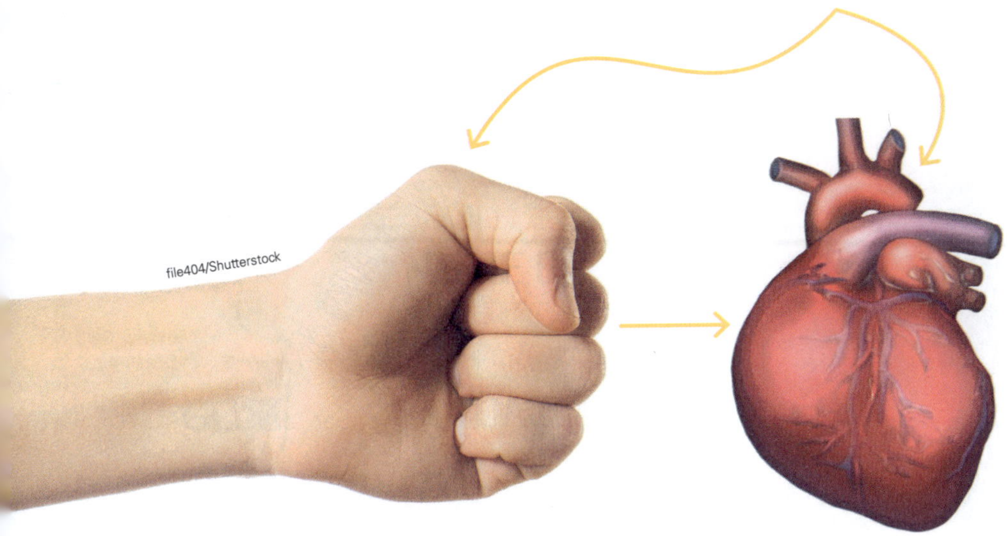

- ONDE SE LOCALIZA O CORAÇÃO NO CORPO HUMANO? DESENHE O CORAÇÃO DE LUCA.
- CONTORNE NO TEXTO AS PALAVRAS QUE REPRESENTAM O SOM DA BATIDA DO CORAÇÃO.

A BOCA E OS DENTES

A BOCA É OUTRA PARTE IMPORTANTE DO CORPO. PELA BOCA INGERIMOS E MASTIGAMOS OS ALIMENTOS, PRODUZIMOS SONS E FALAMOS, ENTRE OUTRAS COISAS.

DENTRO DA BOCA, CADA ELEMENTO TEM UMA FUNÇÃO: OS DENTES AJUDAM A TRITURAR, A SALIVA UMEDECE E A LÍNGUA AJUDA A ENGOLIR O QUE COMEMOS.

- CONTE QUANTOS DENTES MARIANA TEM E ESCREVA O NÚMERO NO QUADRINHO.

☐ DENTES

Estúdio Ornitorrinco/ Arquivo da editora

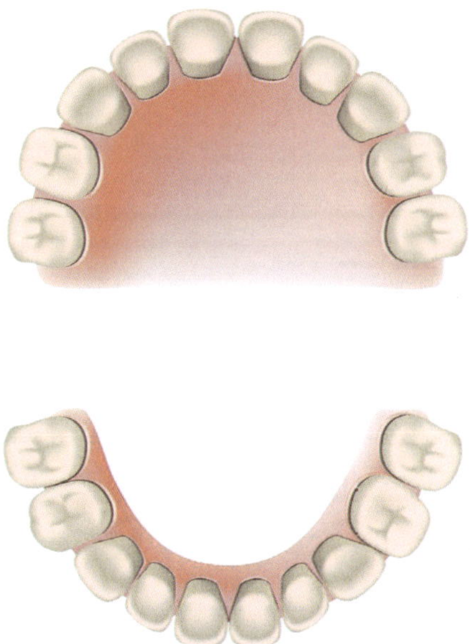

- AGORA CONTE QUANTOS DENTES TEM O PAI DE MARIANA E ESCREVA O NÚMERO NO QUADRINHO.

Estúdio Ornitorrinco/ Arquivo da editora

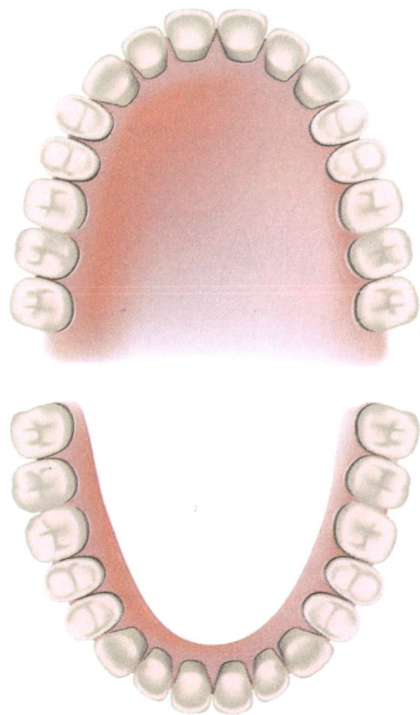

☐ DENTES

A LÍNGUA E OS SABORES

- OBSERVE AS IMAGENS E LIGUE CADA UMA AO SABOR CORRESPONDENTE.

Valentyn Volkov/Shutterstock

Sea Wave/Shutterstock

SGM/Shutterstock

DOCE

SALGADO

AZEDO

NA DOSE CERTA!

VOCÊ SABIA QUE É RECOMENDÁVEL FAZER SEIS REFEIÇÕES POR DIA?

- DESENHE NO QUADRO CORRESPONDENTE O QUE VOCÊ COME EM CADA REFEIÇÃO.

Ilustrações: Estúdio Ornitorrinco/Arquivo da editora

CAFÉ DA MANHÃ

LANCHE DA MANHÃ

ALMOÇO

LANCHE DA TARDE

JANTAR

LANCHE ANTES DE DORMIR

O QUE É ALIMENTAÇÃO SAUDÁVEL?

MATERIAL DE APOIO

VOCÊ JÁ OUVIU FALAR DE ALIMENTAÇÃO SAUDÁVEL? VAMOS CONVERSAR SOBRE ISSO E ENTENDER O QUE UMA BOA ALIMENTAÇÃO REPRESENTA PARA O NOSSO CORPO.

- DESTAQUE AS PEÇAS DA **PÁGINA 23** E MONTE O QUEBRA-CABEÇA.

FONTE: **MANUAL DE ALIMENTAÇÃO PARA OS CENTROS DE EDUCAÇÃO INFANTIL CONVENIADOS**/SECRETARIA MUNICIPAL DE EDUCAÇÃO – SÃO PAULO, 2011; SOCIEDADE BRASILEIRA DE PEDIATRIA, DEPARTAMENTO DE NUTROLOGIA.

O QUE DIZ O RÓTULO

- OBSERVE O RÓTULO DA EMBALAGEM ABAIXO E TENTE DESCOBRIR TODAS AS INFORMAÇÕES QUE ELE CONTÉM.

Estúdio Ornitorrinco/Arquivo da editora

- SERÁ QUE ESSE PRODUTO AINDA ESTÁ BOM PARA O CONSUMO?

PARA HIDRATAR O CORPO: ÁGUA!

A MAIOR PARTE DO NOSSO CORPO É COMPOSTA DE ÁGUA. POR ISSO, BEBER ÁGUA É MUITO IMPORTANTE PARA A SAÚDE.

ÁGUA É FONTE DE VIDA!

Estúdio Ornitorrinco/ Arquivo da editora

DICA MUITO IMPORTANTE: A ÁGUA DE BEBER PRECISA SER LIMPA, ISTO É, FILTRADA OU FERVIDA.

- EM QUAIS PERÍODOS DO DIA VOCÊ COSTUMA BEBER MAIS ÁGUA? FAÇA UM ✖ NOS QUADRINHOS CORRESPONDENTES.

☐ MANHÃ ☐ TARDE ☐ NOITE

A ÁGUA NO PLANETA

- FAÇA UM ✕ NAS IMAGENS QUE MOSTRAM ONDE HÁ ÁGUA SALGADA E UMA ○ NAS IMAGENS ONDE HÁ ÁGUA DOCE.

Mykola Mazuryk/Shutterstock

Viktor Gladkov/Shutterstock

Jon Bilous/Shutterstock

- O QUE VOCÊ VÊ NESTAS FOTOS? CONVERSE COM OS COLEGAS E O PROFESSOR SOBRE A IMPORTÂNCIA DA ÁGUA PARA A SOBREVIVÊNCIA E TAMBÉM PARA AS ATIVIDADES DO DIA A DIA.

TinnaPong/Shutterstock

Ulrich Mueller/Shutterstock

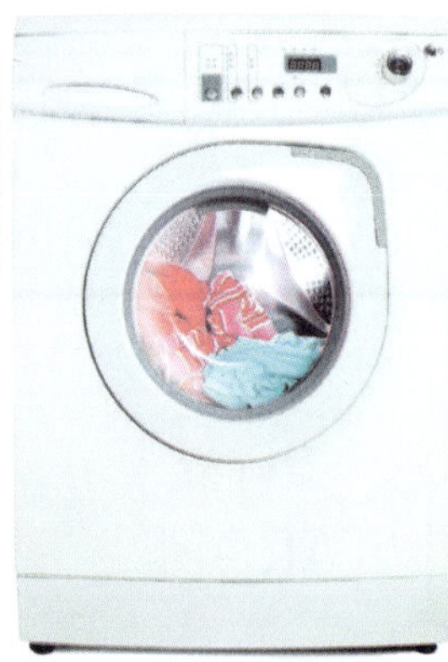
Shell114/Shutterstock

Netfalls - Remy Musser/Shutterstock

A ÁGUA NA NATUREZA

A ÁGUA ESTÁ PRESENTE EM MUITOS AMBIENTES DO PLANETA, MAS SERÁ QUE ELA SE ENCONTRA SEMPRE DA MESMA FORMA?

• CONVERSE COM OS COLEGAS SOBRE AS IMAGENS ABAIXO.

newphotoservice/Shutterstock

ÁGUA NO ESTADO LÍQUIDO

Alex Staroseltsev/Shutterstock

ÁGUA NO ESTADO SÓLIDO

Can Balcioglu/Shutterstock

ÁGUA NO ESTADO GASOSO

Ionov Vitaly/Shutterstock

• ENCONTRE NA PAISAGEM OS ESTADOS DA ÁGUA APRESENTADOS NAS FOTOGRAFIAS ACIMA. LIGUE UM AO OUTRO.

ALIMENTAÇÃO SAUDÁVEL

MATERIAL

- MARCADORES (BOTÕES, FEIJÕES, TAMPINHAS COLORIDAS, ETC.) E DADO.

REGRAS

1. CONVIDE UM COLEGA PARA JOGAR COM VOCÊ.
2. JOGUE O DADO E ANDE COM SEU MARCADOR A QUANTIDADE DE CASAS CORRESPONDENTE AOS PONTOS QUE VOCÊ TIROU.
3. SIGA AS ORIENTAÇÕES DOS QUADRINHOS NO TABULEIRO.
4. VENCE QUEM CHEGAR PRIMEIRO AO FINAL DO PERCURSO.

Estúdio Ornitorrinco/ Arquivo da editora

UNIDADE 4

CULTURA BRASILEIRA

Estúdio Ornitorrinco/Arquivo da editora

Estúdio Ornitorrinco/Arquivo da editora

POR QUE SOMOS TÃO DIFERENTES, SE SOMOS TODOS BRASILEIROS?

A CULTURA DE UM POVO

A TURMA DE YURI ESTÁ SE PREPARANDO PARA APRESENTAR UMA PESQUISA SOBRE O SEGUINTE TEMA: “POR QUE SOMOS TÃO DIFERENTES, SE SOMOS TODOS BRASILEIROS?”.

Estúdio Ornitorrinco/ Arquivo da editora

Estúdio Ornitorrinco/ Arquivo da editora

- ENTREVISTE UM FAMILIAR PARA SABER A ORIGEM DE SEUS AVÓS E BISAVÓS. CONVERSE COM OS COLEGAS E O PROFESSOR.

MINHA PESQUISA

ESTE É O PAINEL QUE IARA FEZ SOBRE OS BISAVÓS COM A AJUDA DOS PAIS DELA.

- O QUE IARA PESQUISOU?

Estúdio Ornitorrinco/Arquivo da editora

Fabio Colombini/Acervo do fotógrafo

Fabio Colombini/Acervo do fotógrafo

Mario Friedlander/Pulsar Imagens

Edson Sato/Pulsar Imagens

Fabio Colombini/Acervo do fotógrafo

Fabio Colombini/Acervo do fotógrafo

A OCA

AS OCAS, ASSIM COMO OUTROS TIPOS DE MORADIA, PODEM TER DIFERENTES TAMANHOS E FORMAS.

- OBSERVE A PARTE EXTERNA E INTERNA DE DUAS OCAS.

Luciola Zvarick/Pulsar Imagens

Edson Sato/Pulsar Imagens

- ESCREVA ABAIXO A PALAVRA OCA:

- DESENHE UMA ALDEIA INDÍGENA.

FESTA NA ALDEIA

EM MUITOS POVOS INDÍGENAS, É COMUM SE REUNIR NA OCARA, DANÇAR E TOCAR INSTRUMENTOS COMO FORMAS DE FESTEJAR.

- VEJA AS IMAGENS A SEGUIR.

Fabio Colombini/Acervo do fotógrafo

INDÍGENAS TOCANDO

Fabio Colombini/Acervo do fotógrafo

OCA

OCARA
É UMA PALAVRA TUPI-GUARANI QUE SIGNIFICA "PRAÇA DA ALDEIA INDÍGENA". É O LOCAL UTILIZADO PARA REUNIR O POVO PARA AS COMEMORAÇÕES.

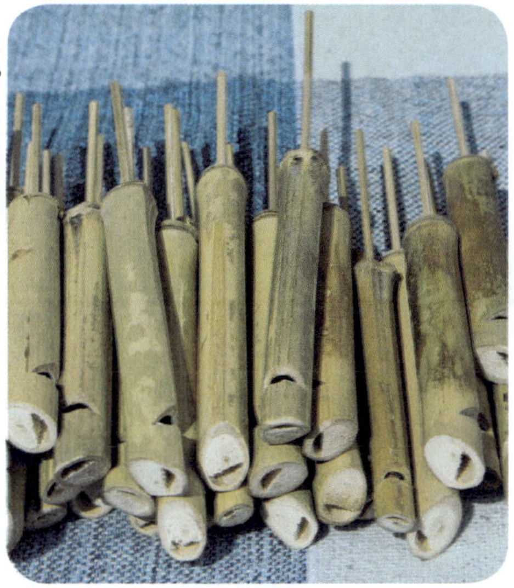

Franco Hoff/Pulsar Imagens

APITO

Fabio Colombini/Acervo do fotógrafo

CHOCALHO

Luciola Zvarick/Pulsar Imagens

FLAUTA

Fabio Colombini/Acervo do fotógrafo

MARACA

VAMOS FAZER UM PAU DE CHUVA?

VOCÊ VAI PRECISAR DE:

- 1 TUBO DE PAPELÃO
- FITA-CREPE
- 3 COLHERES DE GRÃOS: ARROZ, FEIJÃO OU MILHO DE PIPOCA
- TINTA GUACHE E CANETAS COLORIDAS

1

FECHE O FUNDO DE UM DOS LADOS DO TUBO COM A FITA-CREPE.

2

COLOQUE OS GRÃOS DENTRO DO TUBO E FECHE O OUTRO LADO COM A FITA-CREPE.

Ilustrações: Estúdio Ornitorrinco/ Arquivo da editora

3

PINTE O TUBO POR FORA COM TINTA GUACHE E ENFEITE COM DESENHOS USANDO AS CANETAS COLORIDAS.

4

AGORA É SÓ CHACOALHAR E BRINCAR!

LEMBRANÇAS DE MEUS BISAVÓS

- OBSERVE O CARTAZ DE GABRIEL E CONVERSE COM OS COLEGAS.
- VOCÊ SABE DIZER O QUE ELE PESQUISOU?

Estúdio Ornitorrinco/ Arquivo da editora

Cesar Diniz/Pulsar Imagens
R.M. Nunes/Shutterstock
diogoppr/Shutterstock
Anton_Ivanov/Shutterstock

DANÇA OU LUTA?

A CAPOEIRA FOI TRAZIDA PARA O BRASIL PELOS AFRICANOS.

• ESCREVA ABAIXO O NOME DESTA ATIVIDADE ESPORTIVA:

Cesar Diniz/Pulsar Imagens

• LEIA EM VOZ ALTA A PALAVRA QUE VOCÊ ACABOU DE ESCREVER.

• CONVERSE COM OS COLEGAS SOBRE OS INSTRUMENTOS MUSICAIS UTILIZADOS NA RODA DE CAPOEIRA.

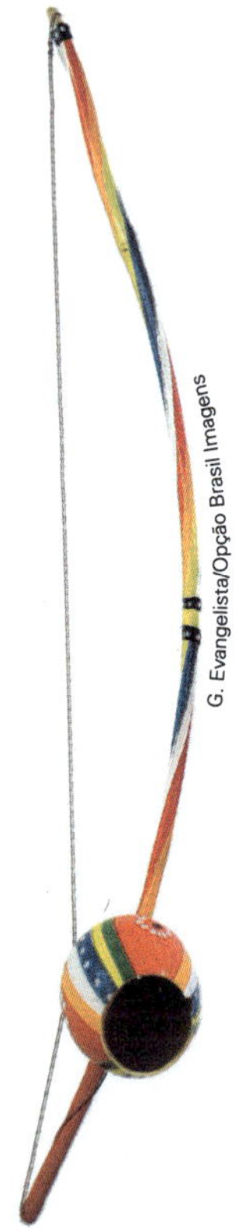

G. Evangelista/Opção Brasil Imagens

BERIMBAU

Dusan Zidar/Shutterstock

ATABAQUE

grigiomedio/Shutterstock

PANDEIRO

Alno/Wikimedia Commons

RECO-RECO

Tamara Kulikova/Shutterstock

AGOGÔ

VAMOS FAZER UM GUNGA?

VOCÊ JÁ OUVIU FALAR DE UM INSTRUMENTO MUSICAL DE ORIGEM AFRICANA CHAMADO **GUNGA**? É MUITO FÁCIL FAZER UM. VAMOS TENTAR?

- LEIA A LISTA DE MATERIAL E SIGA AS ORIENTAÇÕES DO PROFESSOR.

POTINHOS DE PLÁSTICO VAZIOS

TAMPINHAS DE GARRAFA

BARBANTE GROSSO

GRÃOS (DE MILHO, ARROZ OU FEIJÃO)

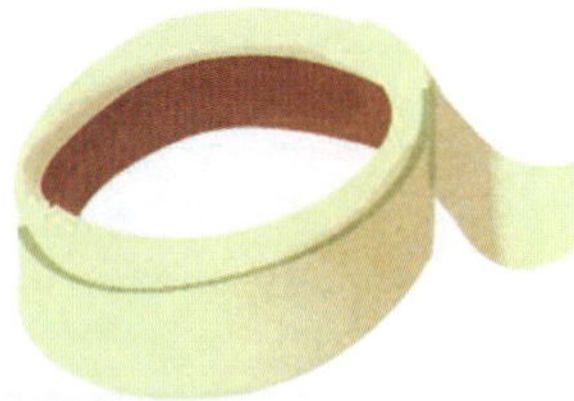

FITA ADESIVA

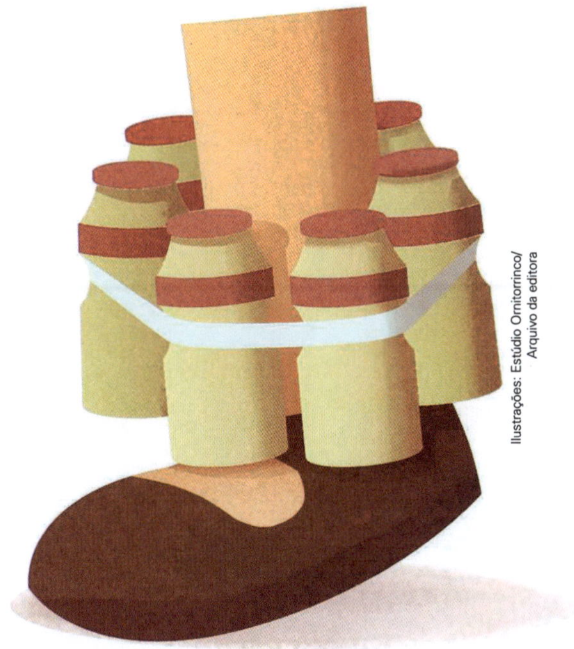

Ilustrações: Estúdio Ornitorrinco/Arquivo da editora

AGORA É A SUA VEZ!

ASSIM COMO IARA E GABRIEL FIZERAM NO INÍCIO DESTA UNIDADE, AGORA É VOCÊ QUEM VAI FAZER UM PAINEL CONTANDO DE ONDE VIERAM SEUS BISAVÓS.

Estúdio Ornitorrinco/ Arquivo da editora

- DE QUE PAÍS OU ESTADO ELES SÃO (OU ERAM)? QUE COSTUMES ELES TÊM (OU TINHAM)?
- COM A AJUDA DOS FAMILIARES, FAÇA UM DESENHO OU RECORTE E COLE ALGUMA IMAGEM QUE ILUSTRE SUAS ORIGENS.

Estúdio Ornitorrinco/ Arquivo da editora

DE ONDE ELES VIERAM?

• FAÇA UM ✕ NO CONTINENTE ONDE FICA O PAÍS DE ORIGEM DE SEUS BISAVÓS.

PLANISFÉRIO POLÍTICO SIMPLIFICADO. ADAPTADO DE: <http://atlasescolar.ibge.gov.br/images/atlas/mapas_mundo/mundo_034_divisao_continentes.pdf>. ACESSO EM: 12 DEZ. 2019.

BRINQUEDOS E BRINCADEIRAS

- PERGUNTE A SEUS FAMILIARES MAIS VELHOS DE QUE ELES COSTUMAVAM BRINCAR QUANDO ERAM CRIANÇAS.
- REPRESENTE ABAIXO, COM DESENHO OU COLAGEM, O BRINQUEDO OU A BRINCADEIRA DELES QUE VOCÊ ACHAR MAIS INTERESSANTE.

HUMMM... QUE COMIDA BOA!

DIFERENTES POVOS INFLUENCIARAM A CULINÁRIA BRASILEIRA.

- LIGUE CADA PERSONAGEM ÀS INFLUÊNCIAS CULINÁRIAS.

Ilustrações: Estúdio Ornitorrinco/ Arquivo da editora

Iuliia Timofeeva/Shutterstock

TAPIOCA

diogoppr/Shutterstock

FEIJOADA

Liv friis-larsen/Shutterstock

PIZZA

Tim UR/Shutterstock

SALSICHA

A COMIDA DA MINHA TERRA

- UM PRATO TÍPICO DA MINHA REGIÃO É ______________________.

- DESENHE TRÊS INGREDIENTES UTILIZADOS NA RECEITA DESSA COMIDA.

UMA RECEITA BRASILEIRA

- OUÇA COM ATENÇÃO A LEITURA DO PROFESSOR E DESCUBRA UMA RECEITA BEM BRASILEIRA.

DOCE

UM DOCE QUE ENROLA

O BRASILEIRO?

O BRIGADEIRO.

BRINQUEDOS MIÚDOS E GRAÚDOS NASCIDOS DA BARRIGA DA LÍNGUA PORTUGUESA. SELMA MARIA. ITAPIRA: ESTRELA CULTURAL, 2018. P. 23.

diogoppr/Shutterstock

- VOCÊ CONHECE OUTRO DOCE TIPICAMENTE BRASILEIRO? CONVERSE COM O PROFESSOR E OS COLEGAS. DEPOIS DESENHE O DOCE ABAIXO.

O CARNAVAL É UMA FESTA!

VOCÊ SABIA QUE O CARNAVAL TEM ORIGEM NO ENTRUDO, UMA FESTA POPULAR DOS PORTUGUESES?
NO BRASIL, O CARNAVAL É COMEMORADO DE DIFERENTES MANEIRAS. VAMOS CONHECER ALGUMAS DELAS.

- OBSERVE AS FOTOGRAFIAS A SEGUIR.

Joel Nogueira/Fotoarena

Leo Caldas/Pulsar Imagens

Inácio Teixeira/Pulsar Imagens

- ABAIXO, FAÇA UM DESENHO DA FANTASIA QUE VOCÊ GOSTARIA DE USAR NO CARNAVAL.

DIA DE FESTA NA CIDADE

VOCÊ CONHECE ALGUMA FESTA TÍPICA DE SUA REGIÃO?

- FAÇA UM DESENHO OU RECORTE E COLE UMA IMAGEM QUE REPRESENTE ESSA FESTA NO ESPAÇO ABAIXO.

CADA ARTISTA COM SUA ARTE

VOCÊ CONHECE ESTES ARTISTAS? CADA UM DELES TEM UMA FORMA DIFERENTE DE SE EXPRESSAR.

- LIGUE O ARTISTA À SUA ARTE.

Tiago Queiroz/Agência Estado

PALAVRA CANTADA

Reprodução/Tarsila do Amaral Empreendimentos

TARSILA DO AMARAL

Ricardo Borges/Folhapres

ZIRALDO

Reprodução/Editora Melhoramentos

LITERATURA

Reprodução/http://palavracantada.com.br/

MÚSICA

Acervo Musée de Grénoble, França/Tarsila do Amaral Empreendimentos

PINTURA

OUTRAS MANIFESTAÇÕES ARTÍSTICAS

A ARTE POSSUI VÁRIAS FORMAS DE EXPRESSÃO.

- IDENTIFIQUE ALGUMAS DESSAS FORMAS DE EXPRESSÃO NAS IMAGENS A SEGUIR.

Reprodução/Paris Filmes

CINEMA

Renata Angerami/Shutterstock

ARTESANATO

Wagner Santos de Almeida/Shutterstock

ESCULTURA

- QUAL É O NOME DA EXPRESSÃO ARTÍSTICA DA IMAGEM AO LADO? ESCREVA A PALAVRA COLOCANDO UMA LETRA EM CADA QUADRINHO.

Rubens Chaves/Pulsar Imagens

MESTRE VITALINO E A ARTE NO BARRO

COM O BARRO, MESTRE VITALINO CRIAVA BONECOS QUE REPRESENTAVAM FIGURAS TÍPICAS DO NORDESTE BRASILEIRO.

VITALINO PEREIRA DOS SANTOS, ARTESÃO CONHECIDO COMO MESTRE VITALINO, NASCEU EM 1909 E FALECEU EM 1963 NO DISTRITO DE RIBEIRA DOS CAMPOS, EM CARUARU, NO ESTADO DE PERNAMBUCO.

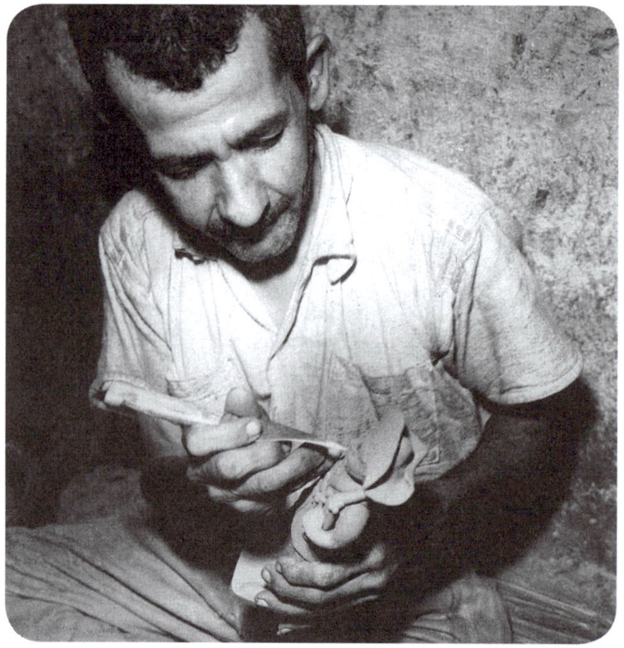

Arquivo do jornal *Folha de S.Paulo*/Folhapress

- ESTAS SÃO ALGUMAS DE SUAS OBRAS. QUANTAS PESSOAS APARECEM EM CADA UMA DELAS?

Reprodução fotográfica Soraia Carls/ Evandro Carneiro Leilões

BANDA DE PÍFANOS

____

Clodomir Bezerra/Editora Abril

RETIRANTES

____

Reprodução/Coleção Jacques Van de Beuque, RJ

NOIVOS

____

UM PINTOR BRASILEIRO

GUSTAVO ROSA É UM IMPORTANTE PINTOR BRASILEIRO.

- OBSERVE ABAIXO UMA DE SUAS OBRAS QUE SE CHAMA **PASSARINHO NO GALHO**.

Gustavo Rosa/Acervo do artista

- COM A AJUDA DO PROFESSOR, VOCÊ E OS COLEGAS VÃO FAZER UMA PESQUISA PARA CONHECER OUTRAS OBRAS DESSE ARTISTA.
- ESCOLHAM A TELA DE QUE MAIS GOSTARAM E FAÇAM UMA VOTAÇÃO PARA SABER QUAL DAS PINTURAS É A FAVORITA DA TURMA.

QUEM É O ARTISTA?

- PESQUISE ALGUM ARTISTA CONHECIDO DA REGIÃO ONDE VOCÊ MORA E RECORTE E COLE ABAIXO A IMAGEM DE UMA OBRA FEITA POR ELE.

ELE DESENHA E ESCREVE PARA AS CRIANÇAS

MAURICIO DE SOUSA CRIOU VÁRIOS PERSONAGENS DE HISTÓRIAS EM QUADRINHOS. VOCÊ CONHECE ESTES QUE APARECEM NA PÁGINA?

- LEIA AS DICAS, LIGUE OS PERSONAGENS E FORME OS PARES.

MÔNICA COM CEBOLINHA	MAGALI COM CASCÃO	ANJINHO COM BIDU	CHICO BENTO COM ROSINHA

- ESCREVA O NOME DOS PERSONAGENS QUE TÊM AS SEGUINTES CARACTERÍSTICAS:

GOSTA DE MANDAR. ____________________

TEM MEDO DE ÁGUA. ____________________

QUE HISTÓRIA É ESSA?

MUITOS ESCRITORES CRIARAM PERSONAGENS E HISTÓRIAS INFANTIS QUE FAZEM PARTE DE NOSSA CULTURA.

- OBSERVE AS CAPAS DOS LIVROS A SEGUIR E CONVERSE SOBRE ESSAS HISTÓRIAS COM OS COLEGAS.

Reprodução/Editora Scipione

Reprodução/Editora Scipione

Reprodução/Companhia das Letrinhas

- EM QUAIS DESSAS HISTÓRIAS O VILÃO É O LOBO?
- EM QUAIS DESSAS HISTÓRIAS APARECE UM NÚMERO NO TÍTULO? QUE NÚMEROS SÃO ESSES?
- EM QUAIS DESSAS HISTÓRIAS APARECE O NOME DE UMA COR NO TÍTULO? QUE CORES SÃO ESSAS?

ERA UMA VEZ...

- INVENTE UM PERSONAGEM E FAÇA UM DESENHO MOSTRANDO COMO ELE É. DEPOIS, CRIE UMA HISTÓRIA COM ELE E CONTE-A PARA OS COLEGAS.

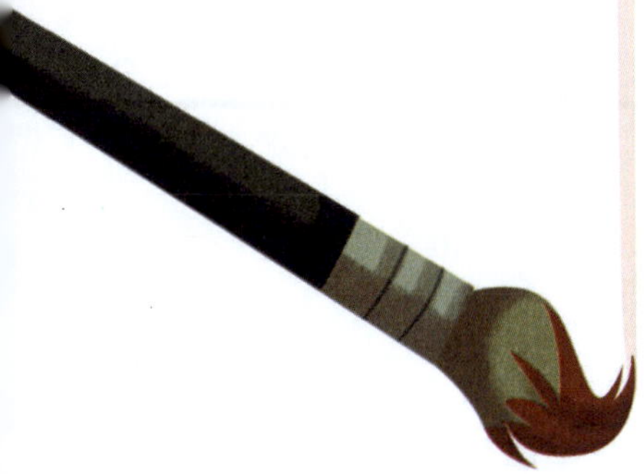

Estúdio Ornitorrinco/Arquivo da editora

AS LINHAS CURVAS DE OSCAR NIEMEYER

OSCAR NIEMEYER FICOU CONHECIDO NO MUNDO TODO POR SEU TRABALHO.
ELE VIVEU 104 ANOS E PROJETOU IMPORTANTES CONSTRUÇÕES PELO BRASIL E PELO MUNDO.

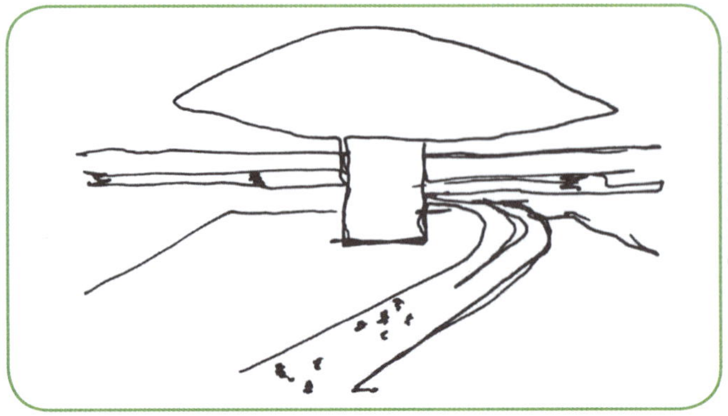

Reprodução/www4.planalto.gov.br

DESENHO DO MUSEU OSCAR NIEMEYER, 2001.

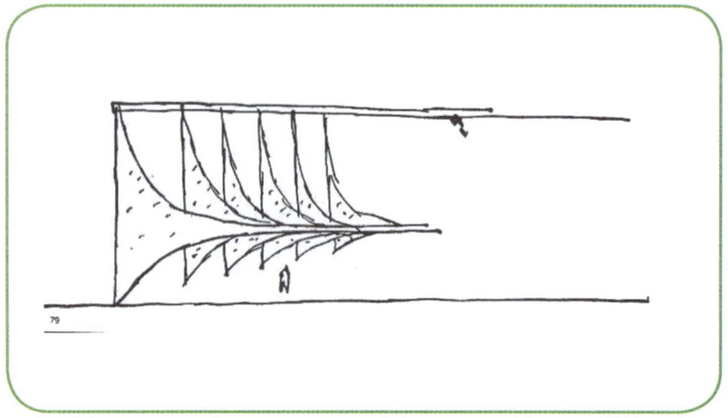

Reprodução/www4.planalto.gov.br

DESENHO DO PALÁCIO DO PLANALTO, 1958.

Sehenswerk/Shutterstock

MUSEU OSCAR NIEMEYER, CURITIBA.

Ed Viggiani/Pulsar Imagens

PALÁCIO DO PLANALTO, BRASÍLIA.

- CONVERSE COM OS COLEGAS E DESCUBRA QUAL ERA A PROFISSÃO DE OSCAR NIEMEYER. PINTE O QUADRINHO COM SUA RESPOSTA.

CANTOR | ARQUITETO | ATOR

VOCÊ JÁ VISITOU UM MUSEU?

OS MUSEUS SÃO MUITO IMPORTANTES PARA A CULTURA DE UM POVO.

- CONVERSE COM OS COLEGAS SOBRE CADA MUSEU ABAIXO.
- LIGUE CADA MUSEU À FOTO DE SEU INTERIOR.

Chad Zuber/Shutterstock

MUSEU DO FUTEBOL

Photocarioca/Shutterstock

MUSEU DO AMANHÃ

ThiagoSantos/Shutterstock

MUSEU BRENNAND

Nido Huebl/Shutterstock

kellyglt/Shutterstock

Rubens Chaves/Pulsar Imagens

O QUE APRENDEMOS...

O QUE VOCÊ MAIS GOSTOU DE APRENDER NESTE ANO ESCOLAR?

- PESQUISE UMA IMAGEM QUE REPRESENTE SUA RESPOSTA. DEPOIS, RECORTE-A E COLE-A NO ESPAÇO ABAIXO.

MATERIAL DE APOIO

ANTES, DURANTE E DEPOIS

CENAS PARA A ATIVIDADE DA **PÁGINA 24** DO LIVRO.

Estúdio Ornitorrinco/Arquivo da editora

Estúdio Ornitorrinco/Arquivo da editora

Estúdio Ornitorrinco/Arquivo da editora

OS MEIOS DE TRANSPORTE

PEÇAS PARA A ATIVIDADE DA **PÁGINA 30** DO LIVRO.

Ismar Ingber/Pulsar Imagens

Mauricio Simonetti/Pulsar Imagens

HORA DA CURIOSIDADE – OS MEIOS DE TRANSPORTE

FIGURAS PARA A ATIVIDADE DA **PÁGINA 31** DO LIVRO.

ÔNIBUS

BARCO

BICICLETA

FOGUETE

BALÃO

Ilustrações: Estúdio Ornitorrinco/Arquivo da editora

AUTOMÓVEL

AVIÃO

CANOA

TÁXI

SUBMARINO

TREM

MOTOCICLETA

NAVIO

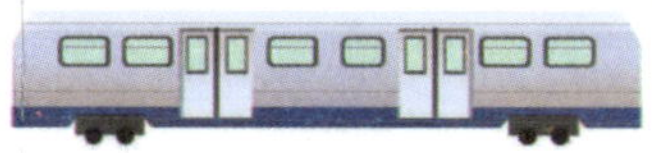
METRÔ

HELICÓPTERO

VAMOS ACENDER A LUZ?

PEÇAS PARA A ATIVIDADE DA **PÁGINA 48** DO LIVRO.

Ilustrações: Estúdio Ornitorrinco/Arquivo da editora

FONTES DE ENERGIA

IMAGENS PARA A ATIVIDADE DA **PÁGINA 50** DO LIVRO.

HORA DO JOGO E DA BRINCADEIRA – GRANDES INVENÇÕES

PEÇAS PARA A ATIVIDADE DA **PÁGINA 54** DO LIVRO.

Maxx-Studio/Shutterstock

Somchai Som/Shutterstock

Coprid/Shutterstock

9photos/Shutterstock

Atiketta Sangasaeng/Shutterstock

Slavko Sereda/Shutterstock

Cincila /Shutterstock

donatas1205/Shutterstock

COMO OS ANIMAIS SE LOCOMOVEM?

IMAGENS PARA A ATIVIDADE DA **PÁGINA 66** DO LIVRO.

photomatz/Shutterstock

Eric Isselee/Shutterstock

Anan Kaewkhammul/Shutterstock

Kruglov_Orda/Shutterstock

QUAL É O ANIMAL?

PEÇAS PARA A ATIVIDADE DA **PÁGINA 67** DO LIVRO.

Konrad Wothe/Masterfile/Fotoarena

HORA DA CURIOSIDADE – ANIMAIS BRASILEIROS EM RISCO DE EXTINÇÃO

PEÇAS PARA A ATIVIDADE DA **PÁGINA 69** DO LIVRO.

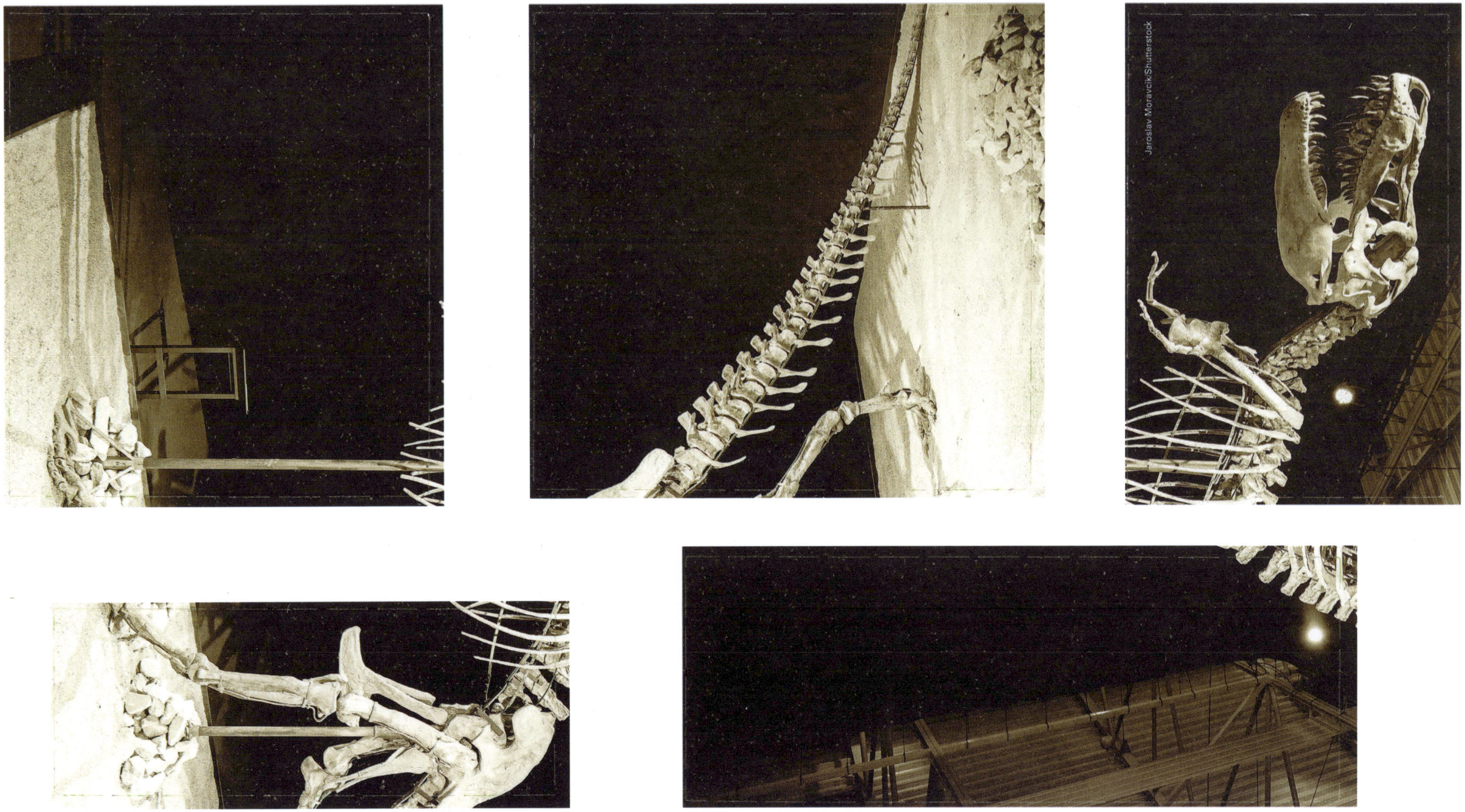

Jaroslav Moravcik/Shutterstock

POLUIÇÃO

FIGURAS PARA A ATIVIDADE DA **PÁGINA 71** DO LIVRO.

O QUE É ALIMENTAÇÃO SAUDÁVEL?

PEÇAS PARA A ATIVIDADE DA **PÁGINA 79** DO LIVRO.

Estúdio Ornitorrinco/Arquivo da editora